CRÉATIONS EN COQUILLAGES

CRÉATIONS EN COQUILLAGES

Annette et Roger Ralle

dessain et tolra

Merci à Simone et à tous ceux qui par leur aide et leurs conseils ont permis que cet ouvrage se réalise.

Parmi les figurines photographiées dans cet ouvrage, les personnages et les animaux ont une taille réelle variant de 4 cm (âne, basset) à 15 cm (Dame avec un chien). Les hauteurs des monuments se situent autour de 30 cm. La longueur du train est de 51 cm.

Maquette : Michèle Andrault
Photographies : Jeanbor
Compogravure : Nord Compo

Dépôt légal : février 1993
Imprimé par Hérissey, Evreux

ISBN 2-149-27914-4

SOMMAIRE

COQUILLAGES ET AUTRES PRODUITS DE LA MER	6
CRÉER AVEC DES COQUILLAGES	9
SE PROCURER ET CONSERVER LES MATÉRIAUX	15
Ramassage	15
Lavage et séchage	18
Tri et rangement	21
RÉALISER LES CRÉATIONS	22
Atelier, matériel	22
Vernissage	23
Présentation-Entretien	24
DIX-HUIT MODÈLES DÉTAILLÉS	25
ANIMAUX	26
L'oie	26
Nounours drapé dans sa cape	28
Le chien	30
Gori fumant le cigare	31
Coqui	32
L'éléphant	33
Le hibou	34
Le chat	36
PERSONNAGES	37
La dame en patelles	39
La dame en moules	40
La dame en tellines	42
Le clown	44
Le pêcheur	46
Le danseur russe	47
Deux amis sur un banc	48
La planche à voile	50
La danseuse étoile	52
Le jardinier et sa brouette	54
NOURRIR SON IMAGINATION	55
Glossaire	64

COQUILLAGES ET AUTRES PRODUITS DE LA MER

CLASSE
DES GASTEROPODES

Tableau à lire de gauche à droite et de haut en bas.

Fissurelle *(Fissurella)*
Patelle *(Patella)*
Helcion *(Helcion pellucida)*
Calliostome *(Calliosoma zizyphinum)*
Troque cendré *(Gibbula cineraria)*
Troque mage *(Gibbula magus)*
Troque de Richardi *(Gibbula richardi)*
Troque épais *(Monodonta crassa)*
Troque ombiliqué *(Gibbula umbilicalis)*
Phasianelle minuscule *(Phasianella pullus)*
Bigorneau (noir) *(Littorina littorea)*
Bigorneau jaune *(Littorina obtusata)*
Turritelle *(Turritella)*
Cérithe réticulée *(Bittium reticulatum)*
Scalaire *(Clathrus)*
Calyptrée *(Calyptraea chinensis)*
Crépidule *(Crepidula fornicata)*
Pied de pélican *(Aporrhais pespelecani)*
Porcelaine grain de café *(Trivia monacha)*
Porcelaine arctique *(Trivia arctica)*
Porcelaine en forme de poire *(Cypraea pyrum)*
Porcelaine souris *(Cypraea lurida)*
Natice brillante *(Natica alderi)*
Natice porte chaîne *(Natica catena)*
Natice à mille points *(Natica millipunctata)*
Murex (tronqué) *(Murex trunculus)*
Murex épineux *(Murex brandaris)*
Pourpre bouche de sang *(Thais haemostoma)*
Cormaillot *(Ocenebra erinacea)*

Brelin blanc
(Thais lapillus)
Colombelle rustique
(Colombella rustica)
Buccin commun du Nord
(Buccinum undatum)
Buccin de Méditerranée
(Buccinulum corneum)
Nasse réticulée
(Nassarius reticulatus)
Nasse épaisse
(Nassarius incrassatus)
Nasse variable
(Nassa mutabilis)
Cancellaire
(Cancellaria cancellata)
Cône de Méditerranné
(Conus mediterraneus)
Actéon enroulé
(Acteon tornatilis)
Bulle marbrée *(Bulla striata)*

CLASSE
DES SCAPHOPODES

Dentale
(Dentalium vulgare)

CLASSE
DES LAMELLIBRANCHES

Nucule nacrée
(Nucula nucleus)
Arche de Noé
(Arca noae)
Arche barbue
(Arca barbata)
Amande de mer
(Glycymeris glycymeris)
Moule *(Mytilus)*
Pétoncle variable
(Chlamys varia)
Pétoncle operculé
(Chlamys opercularis)
Spondyle
(Spondylus gaederopus)
Anomie
(Anomia ephippium)
Huître *(Ostrea)*
Coque *(Cardium edule)*
Coque à côtes *(Cardium pausicaustatum)*
Bucarde tuberculée
(Acanthocardia)
Bucarde de Norvège
(Laevicardium crassum)
Praire *(Venus verrucosa)*
Palourde *(Venerupis)*
Telline de Baltique
(Macoma baltica)
Telline épaisse
(Tellina crassa)
Telline papillon
(Tellina tenuis)
Lavignon
(Scrobicularia plana)
Scrobiculaire blanche
(Syndesmya alba)
Donace *(Donax vittatus)*
Couteaux (gousse, sabre, silique, gaine)
(Solen)
Pholade *(Pholas dactylus)*
Pandore
(Pandora unequivalvis)

CLASSE
DES OURSINS

Oursin pois
(Echinocyamus pusillus)
Oursin *(Echinide)*

CRUSTACÉS

Anatife *(Anatifa levis)*
Balane
(Chtamalus stellatus)

DIVERS

Coraux, Vers, etc.

CRÉER AVEC DES COQUILLAGES

Sur la plage, les coquillages attirent le regard, suscitent l'enthousiasme et le rêve commence. Pourquoi ne pas les utiliser pour réaliser, par exemple, ces objets que l'on voit dans les vitrines des magasins ?...

Mais il faut beaucoup de patience, une grande confiance en soi, de l'imagination, de la persévérance. On doit acquérir une certaine habileté manuelle, calculer l'équilibre, étudier le geste et le mouvement ; se documenter sur les attitudes, mais aussi les costumes, les décors. Il est nécessaire de se soumettre à certaines tâches de ramassage, de nettoyage, de tri, de rangement. Il faut soigner et même fabriquer ses outils. Voilà donc tout un programme.

Quelques précisions sont nécessaires. La plupart des sujets photographiés dans ce livre ont été réalisés au bout de plusieurs saisons estivales d'expérience et de travail. La construction en paraît toujours facile, mais la sagesse consiste à commencer par les plus simples. Ce sont souvent ceux qui nécessitent des coquillages dont la taille permet une manipulation plus aisée. On sera tenté au début d'entreprendre les figurines compliquées qui paraissent les plus jolies. La modestie est pourtant un gage de réussite. Essayez-vous à des sujets comportant peu de coquillages. Vous acquerrez progressivement une technique. Votre main se fera plus sûre. La réussite de motifs élémentaires vous donnera confiance et vous pourrez ensuite vous lancer dans des miniatures ou des réalisations plus ambitieuses.

Vous avez déjà des idées ? Gardez-les précieusement, même si elles vous paraissent actuellement irréalisables. Avec le temps elles mûriront, des possibilités techniques apparaîtront, un coquillage nouveau permettra la réalisation d'un projet resté longtemps dans l'ombre. Cet ouvrage vous donnera également de nombreuses idées. Le résultat obtenu, même s'il s'agit d'une copie, est toujours différent du modèle, car il y entre une part personnelle. De plus, il est très difficile de refaire deux fois la même statuette. On ne retrouve jamais le coquillage qui convient parfaitement. La moindre différence entraîne une répercussion en chaîne. Si vous suivez les modèles que nous proposons ici, vous vous en rendrez vite compte. Heureusement il n'est

Un jour, un éléphant fut doté d'un cornac... Le turban est fait de deux péristomes superposés.

Un joueur de fifre inspiré de Manet. Le thorax est un coquillage exotique aux couleurs naturelles.

L'équilibre de ce basset est obtenu en plaçant entre ses pattes, pendant le séchage, un objet imposant l'écartement voulu.

pas indispensable de les copier au détail près. Ils doivent simplement aider. On s'en inspire... et on prend toute la liberté nécessaire vis à vis d'eux.
Votre entourage vous fera également de nombreuses suggestions : « Pourquoi ne mettrais-tu pas tel coquillage ?... Et si ta statuette bénéficiait de tel accessoire supplémentaire ?... Ce serait bien que tu construises... » On se laisse entraîner, on écoute les conseils et on finit par réaliser ce que l'on pensait impossible. C'est ainsi qu'un jour, un éléphant fut doté d'un cornac à la demande d'une admiratrice...
Vous trouverez aussi de bonne sources d'inspiration dans la littérature ou la peinture. Ma fille Annette a ainsi essayé de réaliser certains personnages que Tolkien a créés et décrits dans « Le Seigneur des Anneaux ». Elle a puisé dans les contes avec Cendrillon. Elle s'est aussi inspirée de photographies pour construire des avions tels que le « Spirit of Saint Louis » de Lindbergh et le « Point d'Interrogation » de Costes et Bellonte.
Des idées peuvent naître simplement de la découverte d'un nouveau coquillage. Une donace ressemble si bien à une tête de chien qu'il semble tout naturel de fabriquer un basset. Quant on voit un dentale, comment ne pas penser à une défense d'éléphant ? On est alors amené à lui chercher des oreilles : il existe des crépidules plus plates que les autres qui font très bien l'affaire. Mais on peut aussi voir dans le dentale une corne de rhinocéros, ou de taureau, et en avant pour la corrida. Avec une coquille d'huître béante on imagine facilement un piano à queue, il ne reste plus qu'à faire les pianistes. Deux valves de telline rose, posées à plat sur le sable représentent un papillon, d'ailleurs cette telline est aussi appelée telline papillon. Une crépidule, ouverture vers le haut devient un panier. Une nasse tronquée suggère un museau de chien, etc.
Pour les zoologistes, les coquillages sont des animaux marins : des mollusques pourvus d'une coquille. Ils comprennent notamment les gastéropodes (escargots) dont la coquille est d'une seule pièce, et les bivalves qui, comme leur nom l'indique, possèdent deux valves (moules, huîtres).
Le langage courant désigne par coquillage la coquille elle-même, et c'est ainsi que nous l'entendrons. De plus nous étendrons ce terme à

Les cordes du piano sont des arêtes et les marteaux, des bébés gastéropodes.

la carapace de certains crustacés tels que l'anatife ou la balane. Cette dernière se prête bien à des constructions. Nous en faisons usage pour des chapeaux, des yeux de monstres. Quant à l'anatife, il n'a servi qu'une fois : il a fort bien évoqué pour nous la mitre en forme d'œuf des pharaons et de certains dieux égyptiens.
Nous n'utilisons que des coquillages naturels. Naturels mais pas forcément entiers : les morceaux polis par la mer peuvent

Le nombre de patelles de la robe peut varier du simple au double. L'effort est suggéré par l'inclinaison du corps.

Pour cette dame d'une taille réelle plus grande, ce sont des columelles qui font office de bras.

Le socle est une praire. La grande fleur est en écailles de poisson. Le champignon est fait d'une balane, d'un dentale, d'un péristome et d'une calyptrée.

convenir. Parfois même nous les recherchons. Les rondelles de patelle, par exemple, ressemblent à des roues ; de là l'idée de construire chariots, voitures, trains, landaus, brouettes et pourquoi pas bicyclettes. Les tronçons de dentale peuvent servir de chapeaux ou de coiffes, les péristomes font office de colliers de cheval ou d'anses de panier ; pour tous les costumes, les morceaux en tout genre sont une mine que nous commençons à peine à exploiter.

Un exemple de gastéropode : le buccin.

Un exemple de bivalve : la palourde.

La jupe de ce dieu égyptien est composée d'arches. Le thorax est une cancellaire. Les bras sont des colombelles rustiques, les avant-bras des cérithes, la tête une bulle marbrée, le chapeau un anatife.

SE PROCURER ET CONSERVER LES MATÉRIAUX

Ramassage

De nombreux estivants ont l'impression de ne voir aucun coquillage en se promenant sur la plage. Il est vrai que certains jours, selon les conditions atmosphériques, les coefficients des marées, le sable est désert ou au contraire, recouvert de monceaux d'algues. Pourtant, même quant tout paraît perdu d'avance, on peut faire une merveilleuse rencontre : l'un de ces coquillages dont on a toujours rêvé, ou encore un autre dont on n'avait même pas imaginé l'existence... La plupart du temps le promeneur ne voit pas les richesses qui se trouvent à ses pieds. Alors qu'au premier abord il considère qu'il n'y a rien, on peut lui faire constater, à sa grande surprise que, par endroits, se sont amassés des coquillages de toutes sortes. En se penchant davantage encore et en laissant l'œil se familiariser avec cet amalgame, on peut découvrir des spécimens minuscules qui enchantent les petits comme les grands. C'est dans ces amas que se feront la plupart des récoltes. Arrivé chez soi on aura la surprise de découvrir dans l'eau de lavage les plus petits coquillages cachés dans les grands.
Il y a les ramassages systématiques les jours favorables, par exemple à marée basse, après une tempête, mais aussi les trouvailles occasionnelles lors des promenades. C'est pourquoi il faut toujours avoir avec soi un sac plastique ou un récipient.
Il arrive que l'on prenne des coquillages dont on n'imagine pas immédiatement l'usage. A d'autres moments en revanche, on cherche expressément celui que l'on n'a pas en réserve et dont la forme, la taille, la couleur, l'aspect s'adapteront à la statuette en cours de réalisation.
Prendre des coquilles habitées nécessite d'en extraire l'animal, faute de quoi il pourrit et l'on s'étonne des mauvaise odeurs. Aussi faut-il s'efforcer de ne ramasser que des coquilles vides et de revenir de la pêche sans rapporter un occupant avec sa maison.
Mises à par celles qui sont occupées par des squatters comme le bernard-l'ermite, les coquilles habitées se reconnaissent à l'odeur et surtout à l'aspect : elles sont couvertes d'algues et de parasites. Il est préférable de choisir des coquilles vides car, frottées par la mer et le sable, elles sont polies et même luisantes quand elles sont mouillées ; d'ailleurs on peut leur redonner cet aspect en vernissant les statuettes. Un autre avantage de ce choix est de respecter l'écologie. En ne s'attaquant pas aux animaux vivants, on provoque moins de perturbations dans le milieu naturel.
D'une plage à l'autre les richesses que l'on peut glaner sont diverses. Des coquillages très répandus dans un lieu sont rares ailleurs. On en trouve sur les plages de la Manche – Côte de Nacre oblige – de l'Atlantique, (surtout en Vendée) et de la Méditerranée. Bien que cette dernière soit défavorisée par son absence de marées, on peut trouver sur certaines de ses plages de sable, notamment au nord de Narbonne, suffisamment d'éléments pour fabriquer des figurines. Sur toutes les côtes, les plages de galets ne facilitent pas la conservation des coquillages. Ces derniers, mélangés aux cailloux et aux rochers, risquent d'y être détériorés sinon broyés. A cause du mouvement de la mer, une bonne récolte est peu probable sur les côtes rocheuses. A moins que l'usure de quelque falai-

En haut des arêtes de thon ; à droite des arêtes de daurade, à gauche, des arêtes de saumon. Au centre, des écailles et des arêtes de mulet. En bas, un galet et des pinces de crabe.

se ne permette de récupérer des coquillages fossiles. Dans tous les cas, quelle que soit la côte où l'on se trouve, on peut réaliser des figurines en choisissant le modèle approprié et en changeant les coquillages suggérés suivant les possibilités du lieu.

En ce qui nous concerne, nous nous sommes toujours adaptés aux lieux et aux circonstances sans jamais récupérer les coquilles provenant d'animaux vivants qui auraient été pêchés ou achetés.

Bien que nous évitions tout ce qui n'est pas coquillage, il nous arrive d'utiliser d'autres produits de la mer : galets, arêtes et écailles de poissons, pinces de crabes, tests d'oursins. A l'occasion d'un repas, conservez les plus beaux spécimens d'arêtes. Il vous suffira ensuite de les laver soigneusement pour les dégraisser puis de les faire sécher.

On obtient des arêtes blanches, fines avec le saumon, plus robustes avec la daurade (idéales pour le wishbone d'une planche à voile). Celles du thon sont plus rectilignes et plus colorées mais plus fragiles. Nous employons beaucoup d'arêtes, pour les rames, les cordes des instruments de musique, les bâtons, les cannes à pêche, les tiges des fleurs dans les bouquets. Mais nous nous efforçons malgré tout de les remplacer par des cérithes collés bout à bout : rênes reliant l'âne au charretier, cordes de l'escarpolette.

Les rames sont des arêtes de thon, le manche de l'ombrelle un morceau d'arête de saumon. Pour le buste du monsieur, un scalaire est plus élégant.

Le corps et les cordes de la harpe caractérisent la figurine et pallient ainsi le manque de coquillages appropriés à la réalisation de certains détails.

Des troques de toutes sortes constituent le bouquet. Quelques arêtes donnent l'idée des tiges.

La perche est une arête de thon d'une taille et d'une rectitude rares.

Les pinces de crabes nous ont donné des idées de chapeaux.

Lavage et séchage

Plonger les coquillages vides dans l'eau douce et au besoin les laisser tremper, puis les exposer au soleil pour les faire sécher. Attention ! Les coquilles de gastéropodes contiennent longtemps encore du sable qui, lorsqu'on les tourne et les retourne, finit par descendre (c'est le principe de la vis d'Archimède). Quand cela arrive au moment du collage ou du vernissage, on obtient des éléments involontairement saupoudrés de sable. Ce phénomène est inévitable quelles que soient les précautions prises. Il faut

Le contenu du chariot est constitué de paille véritable. Le collier de l'âne est un gros péristome.

Des cérithes collées bout à bout représentent bien une corde élégante. Un galet pesant assure un bon équilibre.

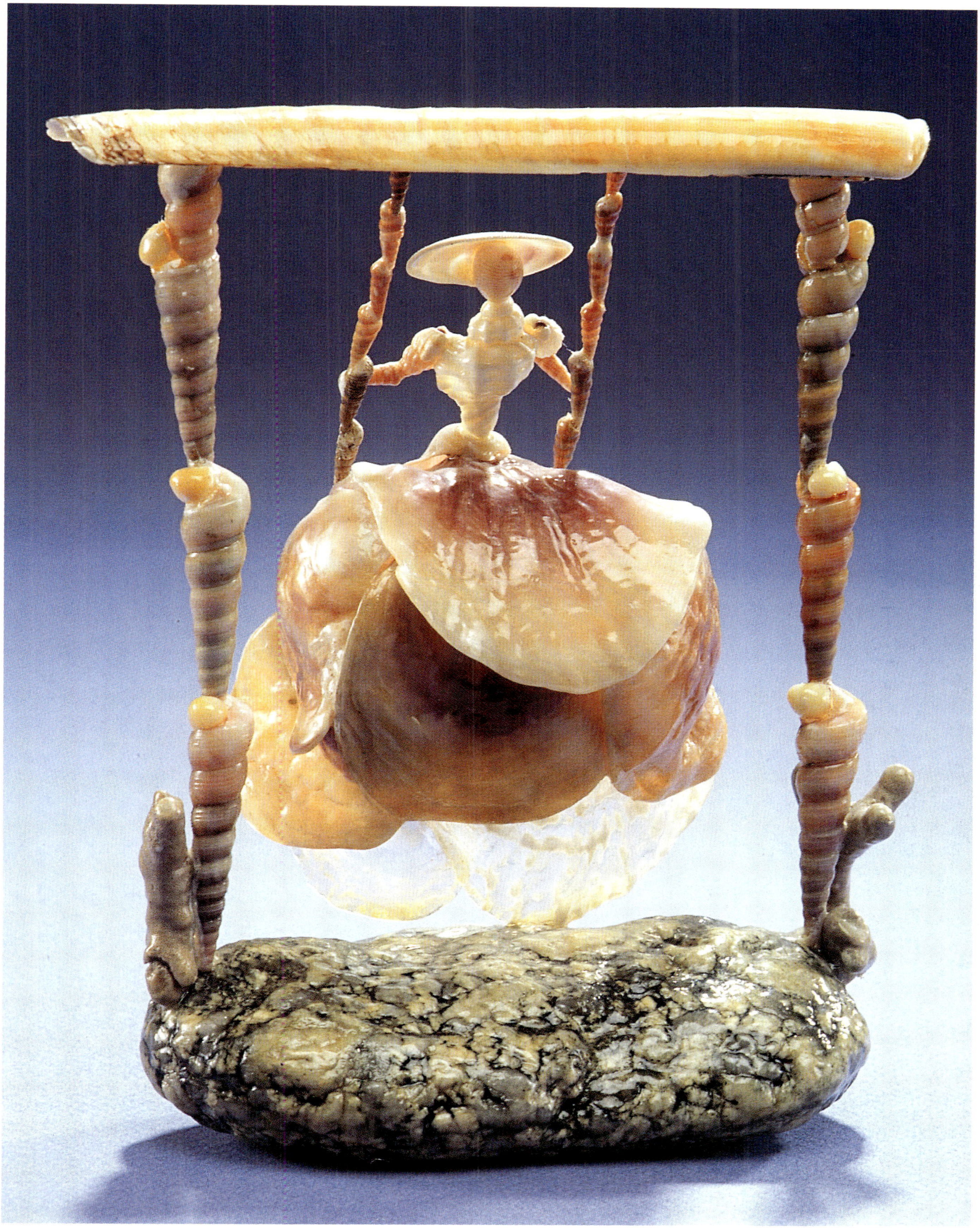

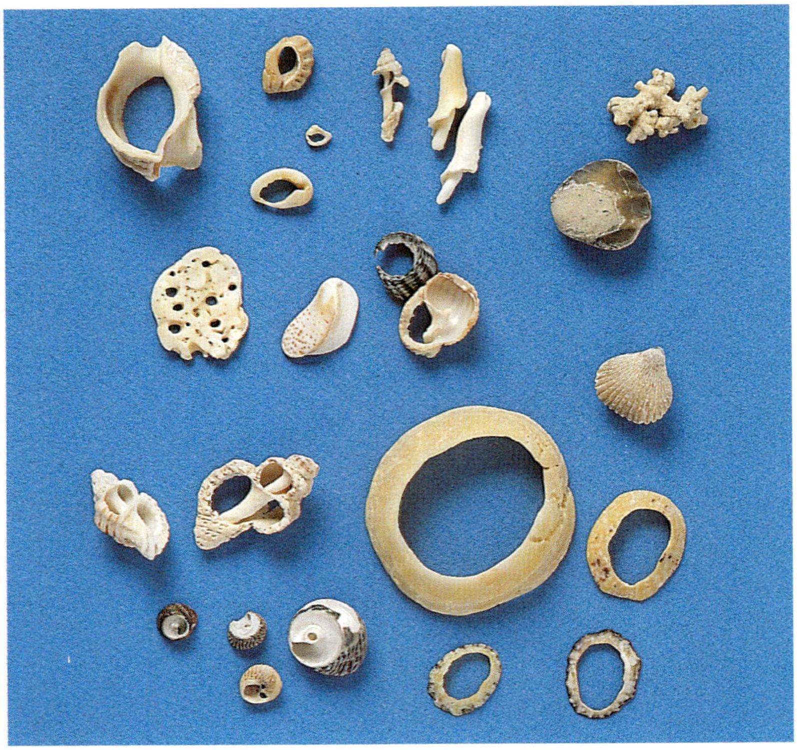

Le carquois est un morceau de dentale collé dans le dos du personnage. L'équilibre, assuré sur les jambes, a été délicat à obtenir.

En haut, à gauche des péristomes, au milieu des columelles, à droite des fossiles pétrifiés ; en bas, à gauche des troncatures de troques, à droite des anneaux de patelles.

La moustiquaire du landau est une valve d'anomie. Le bébé est à l'intérieur.

savoir en tirer profit : dans le sable se trouvent de minuscules coquillages qui serviront à fabriquer des pipes, boucles d'oreilles, poignées de porte... que l'on pourra attraper à l'aide d'une pince à épiler, et que l'on retrouvera, longtemps après le rangement, au fond de toute boîte contenant des gastéropodes. On en récupère aussi dans l'eau de lavage, mélangés au sable qu'elle contient. Il ne faut jamais jeter ce sable sans l'avoir inspecté soigneusement après l'avoir fait sécher.

Tri et rangement

Un premier tri a lieu au ramassage ; on ne prend pas au hasard, on sélectionne suivant le goût et l'humeur du moment. Un second est réalisé au cours du lavage. Il arrive qu'on lave les petits coquillages ensemble, puis les grands avec les grands, qu'on sépare les crépidules, les moules, les huîtres ou autres pour les faire sécher au soleil, dans des récipients réservés à chaque sorte. En particulier des coquilles plus fragiles comme les pholades ou certaines tellines sont prises les premières pour être protégées.

Le tri se poursuit après le séchage, au cours du rangement dans des boîtes appropriées, de préférence avec un couvercle pour éviter la poussière, et en matière transparente pour voir ce qu'elles contiennent sans avoir à les ouvrir à tout moment. Pour parfaire le tout, ces boîtes sont posées dans des plateaux eux-mêmes rangés dans un placard. Plus le tri est fait en détail et avec sérieux, plus il facilite le travail ultérieur, lorsqu'on choisit définitivement les coquillages pour la construction. On peut distinguer les espèces, et pour chaque espèce la taille et la couleur du coquillage.

Les couvercles transparents permettent une reconnaissance plus aisée.

RÉALISER LES CRÉATIONS

Atelier, matériel

Après avoir trouvé un espace de rangement, il faut aménager un coin atelier. Une table spécialement destinée aux travaux en cours de réalisation constitue l'idéal.
Le matériel et les outils employés sont très rudimentaires. Pour protéger la table, et pour pouvoir déplacer ou empiler les objets, nous utilisons des plaques de carton ou de contre-plaqué sur lesquelles nous travaillons. Pour faire, par exemple, une poupée, nous disposons sur l'une de ces plaques, en rangs réguliers, des patelles selon leur forme, leur couleur et leur taille, de telle sorte que lorsque nous les empilons nous n'avons plus que le souci de l'équilibre et du collage.

Outils : pinces à épiler, allumette taillée, aiguille, chiffon, plaque de carton, brosse, colle.
Matériel d'étayage : fil de fer, bouchons, morceaux de carton, boîtes d'allumettes, pinces à linge, galets.

Nous ne reviendrons pas sur les pinces à épiler signalées précédemment. On peut les remplacer par des pinces à écharde, encore plus fines. Pour déplacer un petit coquillage ou effacer une bavure de colle nous prenons des allumettes taillées aux deux extrémités, l'une en pointe, l'autre en biseau. Au moment de l'emploi, il faut parfaire le nettoyage de certaines coquilles. De petits cailloux se coincent souvent dans les ouvertures des porcelaines, des cérithes, des dentales : une épingle est alors nécessaire pour les déloger. On peut aussi donner un petit coup de brosse (à dents par exemple) pour enlever les poussières et les grains de sable qui ont pu se fixer sur les surfaces rugueuses.
Nous utilisons une colle transparente en tube. Elle est très efficace : lorsqu'elle maintient fixées entre elles deux coquilles, on risque fort de les casser en tentant de les séparer. Une goutte suffit pour les petits coquillages qui tiennent immédiatement. Il faut attendre vingt-quatre à quarante-huit heures pour que le collage soit très solide. Le durcissement a lieu progressivement ce qui laisse une marge de temps pour effectuer les déplacements et arrangements nécessaires, et intervenir avant qu'il ne soit trop tard, par exemple pour éviter que le sujet en cours de réalisation ne colle à la plaque de travail. Certaines colles à adhésion rapide pourraient sembler préférables. Mais leur prise trop rapide est pour nous un inconvénient car elle ne permet pas de modifier la position d'un élément. De plus elles peuvent s'avérer dangereuses pour les manipulateurs. Il est sage de se munir d'un chiffon pour essuyer les doigts, les outils ou certaines bavures. Quand on prévoit que la colle, encore liquide, ne suffira pas à maintenir certains assemblages il faut préparer des étayages. Tout est bon pour soutenir, maintenir, surélever, suspendre les amoncellements progressifs de coquillages : fils de fer, bouchons, morceaux de carton, boîtes d'allumettes, pinces à linge, pâte à modeler et même

coquillages. Les étayages disparaissent ensuite. Nos constructions n'ont pas de squelette en carton, en fil de fer ou en plâtre sur lequel seraient fixés les éléments. Les coquillages (y compris ceux constituant les murs des bâtiments) sont simplement collés entre eux et non pas contre un support.
Signalons enfin le vernis, le papier fin et les boîtes de toutes sortes utiles pour un transport éventuel.
L'outil le plus précieux dont il faudra vous munir est... la patience ! Il est des moments où l'étayage ne veut pas tenir, est trop grand ou trop petit, où la colle reste obstinément dans le tube, ou au contraire en sort trop précipitamment, où elle englue les doigts sans fixer les coquillages. On a l'impression que les deux mains ne suffisent plus ; on tient la statuette de l'une, un coquillage de l'autre et on voudrait bien pouvoir attraper la pince d'une troisième.
Mais les choses ne sont pas toujours aussi spectaculaires. Vouloir faire un personnage d'un seul coup n'est peut être pas une bonne méthode. Il faut savoir attendre que les premiers coquillages sèchent pour en coller d'autres. On peut entamer plusieurs sujets à la fois : pendant que la colle durcit chez l'un, on peut travailler l'autre. Un coquillage par ci, un autre par là et nos statuettes progressent de concert, sans que nous perdions de temps.
Il faut patienter aussi quand on ne trouve pas le coquillage désiré. Une séance future de ramassage, ou l'orientation de la recherche vers une autre forme, une autre couleur, pourront finir par satisfaire notre attente.

Vernissage

Enfin tout est collé et la statuette prend de l'allure. Surtout pas de peinture, ni d'encre, ce serait dommage. Nous avons toujours réussi à nous en passer. Les couleurs de nos créations sont toutes naturelles. On ne dessine pas les yeux, ils sont représentés par des coquillages ou suggérés par les taches naturelles de la porcelaine grain-de-café qui

Un peu de papier fin et beaucoup de délicatesse permettront un transport en toute sécurité.

constitue la tête chez de très nombreux personnages. Pour les clowns l'absence de ces taches suggère mieux leur face enfarinée ; on choisit alors les porcelaines arctiques.
Une couche de vernis incolore, étalée au pinceau, fait ressortir les coloris. C'est ainsi qu'après avoir longtemps hésité à utiliser les coquilles de moules jugées trop communes, nous avons constaté combien, noires ou bleues, elles gagnent de la valeur au vernissage.
Nous choisissons un vernis du commerce pour jouets, petits objets, etc. Nous n'utilisons pas le vernis en bombe car il se répartit mal, en particulier dans les cavités de certaines figurines.
Avant cette dernière opération, il faut parfaire la propreté des sujets, en enlevant, par exemple, les fils de colle superflus. Le vernissage permet de vérifier que le collage est efficace. Il faut parfois renforcer un assemblage insuffisant avec une goutte de colle. Le séchage se fait bien sûr à l'abri de la poussière et du soleil. Si des objets doivent être transportés, attendre un ou deux jours avant de les emballer, afin que le vernis soit bien sec. Nous conseillons de procéder à cet emballage à l'aide de papier fin et non avec de la ouate qui s'accroche aux coquillages et est ensuite très difficile à éliminer.

Pour protéger une figurine, le verre est moins élégant qu'une vitrine, mais il est efficace et il peut se placer en de nombreux endroits.

Présentation – entretien

Comme on l'aura remarqué, ces statuettes sont fragiles. Une vitrine les protègera de la poussière ainsi que des mains maladroites. A défaut de vitrine, on peut utiliser un verre suffisamment grand, sans décoration bien sûr et d'un aspect uni. Retourné au dessus de la figurine il offre une parfaite protection.
Si l'on expose des coquillages à la poussière sur de simples étagères, il faut les nettoyer de temps en temps. Pour cela, laisser tremper le sujet au moins toute une journée dans une eau tiède additionnée de détergent ou de produit à vaisselle.
Si vraiment son aspect est devenu terne, profiter d'une séance de vernissage pour redonner un coup de pinceau à la statuette. Sans la remettre à neuf complètement, cela la rajeunira sérieusement.

DIX-HUIT MODÈLES DÉTAILLÉS

Par quoi commencer ? Pour vous aider nous avons choisi d'expliquer en détail la construction de quelques créations classées par ordre de difficulté croissante dans leur réalisation. Ce n'est qu'une aide : on peut naturellement faire preuve d'initiative.

Pour tous ces exemples, un paragraphe désigné par un numéro contient des étapes pouvant être effectuées simultanément. Celles-ci se distinguent grâce à une lettre minuscule. Pour pouvoir passer d'un numéro à l'autre la colle doit être bien sèche ; ne pas hésiter à attendre plusieurs heures, voire une nuit. Lorsqu'on passe au numéro suivant il est prudent de consolider le sujet, c'est-à-dire d'ajouter de la colle, si possible dans des endroits invisibles, là où la construction ne semble tenir que par un point insuffisant. A chaque étape il peut être nécessaire de laisser les éléments se fixer quelques minutes, avant d'assembler les suivants. Profiter de ces attentes pour intervenir dans les positions des coquillages et, au besoin, les modifier avant que tout soit solidifié.

(Attention, les conseils généraux donnés dans un exemple ne seront pas répétés dans les suivants. Il vaut donc mieux tout lire même si l'on n'a pas l'intention de commencer par la première création expliquée).

L'OIE

Composition.
Corps : les deux valves d'une palourde.
Pieds : les deux valves d'une petite coque.
Cou et bec : trois nasses.

1. Pour obtenir le corps, refermer la palourde.
2. Coller le corps sur les pieds : la partie rectiligne de la palourde doit être horizontale. Prévoir deux objets pour éviter que les pieds ne s'écartent et une boîte d'allumettes pour soutenir le corps. Attention, si l'étayage est enlevé trop tôt, le corps, lourd, s'inclinera lentement et le tout séchera dans une mauvaise position.
3. Coller la première nasse sur le corps, l'ouverture de la nasse sur la partie rectiligne de la palourde, l'apex en arrière. L'apex de chaque nasse s'enfile dans l'ouverture de la suivante. La dernière nasse représente la tête.
4. Attendre un jour pour vernir.

Refermer un bivalve : coller les deux valves, ouverture contre ouverture de façon à donner au bivalve sa position naturelle.

POUR COLLER UN COQUILLAGE.

Repérer où et comment il se placera. Avant de coller, préparer les étais et noter les points de contact. Verser un peu de colle en ces points. Poser le coquillage. Si la colle paraît trop liquide, retirer le coquillage et attendre qu'elle épaississe un peu. Coller définitivement : maintenir le coquillage quelques secondes jusqu'à ce qu'il tienne seul ou installer les étais en bonne place et attendre le lendemain pour l'étape suivante ; s'il se tient seul, on peut coller dessus le coquillage suivant. Dans ce cas, attendre si nécessaire quelques minutes que le premier supporte sans bouger le poids du suivant.

L'oie, vue éclatée.

L'oie, 4 cm.

La pierre et la cuillère empêchent les pattes de s'écarter ; la boîte d'allumettes soutient la palourde.

NOUNOURS DRAPÉ DANS SA CAPE

Composition.
Corps : deux grosses crépidules.
Tête : deux gros troques mages.
Pieds : deux petites crépidules.
Museau : un troque mage moyen.
Yeux : deux troncatures de troques.

1. a/ Coller ensemble les deux grosses crépidules, tête-bêche, ouvertures vers l'arrière.
   b/ Coller ensemble les deux gros troques mages, ouverture contre ouverture, leurs apex font office d'oreilles.
2. a/ Coller le corps sur les pieds.
   b/ Coller les yeux et le museau sur la tête.
3. Coller la tête sur le corps. Un étayage peut être nécessaire : une boîte d'allumettes étirée, de chaque côté.
4. Attendre un jour pour vernir.

Nounours drapé dans sa cape.

Nounours, vue éclatée.

DES ÉLÉMENTS D'ÉTAYAGE :

1. Des boîtes d'allumettes. La longueur de l'étai varie en faisant coulisser les deux parties d'une boîte l'une dans l'autre. On peut placer une allumette sur le côté, entre les bords en contact, pour favoriser le maintien de la position. On peut également introduire deux boîtes, chacune à demi, dans un couvercle entier, ou encore deux couvercles sur une même boîte.
2. De la pâte à modeler non collante. Elle permet d'assurer la tenue d'un objet, aussi peu stable soit-il.

AVEC LE GESTE, DONNER LA VIE À L'INANIMÉ.

Aussi jolies que soient les couleurs et les formes, sans le geste, la figurine reste un amoncellement inerte de coquillages. C'est le geste qui lui donne la vie.
Les roues ovales dirigées vers l'avant donnent l'impression de la vitesse. La comtesse, bien droite vers l'arrière, fait preuve d'une noblesse rigide, tandis que la paysanne se penche humblement vers l'avant pour porter son fagot. Pour le clown, la notion d'équilibre est rendue par les bras étendus et le corps légèrement incliné vers l'avant. Les personnages qui bavardent sur un banc, le font avec les bras. On croirait voir la fileuse tirer du fil de sa quenouille. La tournure des robes de bal donne le ton de la valse. Avec ses yeux, petits, l'éléphant est volontaire et fûté, tandis qu'avec les siens beaucoup plus grands, Coqui semble naïf et émerveillé. Le pêcheur, incliné vers l'arrière, donne l'impression de tirer fort sur sa ligne. La position des pieds de Coqui ou des clowns leur donne un air décontracté.

Le thorax est un coquillage exotique percé par un autre coquillage (perceur).

Le fuseau et la quenouille sont des scalaires. Cette figurine est une des plus petites : 4,7 cm.

N'hésitez pas à mimer les actions des personnages pour en extraire les positions caractéristiques. Modelez chaque sujet à sec, en essayant un coquillage pour juger de sa forme, de sa couleur, de sa taille, de sa position.
Votre goût artistique et votre sens de l'observation vous aideront à trouver la position qui convient à chaque élément. Avec patience et ténacité, après plusieurs essais, vous obtiendrez le geste idéal.

LE CHIEN

Le chien, vue éclatée.

Au cours du séchage, certains éléments peuvent être entraînés par leur poids. Surveiller surtout les plus lourds.

Le chien.

Composition.
Corps : deux grandes nasses.
Tête : une plus petite nasse qui, si l'on veut, a l'apex tronqué.
Collier : une troncature de troque qui couvre juste l'ouverture de la nasse précédente.
Pattes : quatre nasses moyennes.
Oreilles et queue : trois petites nasses.

1. Coller ensemble les deux grandes nasses, l'apex de l'une contre l'ouverture de l'autre.
2. Du côté de l'apex restant libre, coller le collier sur le corps puis, sur le collier, la tête.
3. Coller les pattes avant puis les pattes arrière.
4. Coller la queue et les oreilles.
5. Attendre un jour pour vernir.

GORI FUMANT LE CIGARE

Composition.
(Coquillages de couleurs plutôt foncées).
Corps : les deux valves d'une bucarde tuberculée.
Tête et pieds : quatre patelles dont deux légèrement plus petites pour les pieds.
Yeux : deux petits troques.
Cigare : un petit dentale.

1. a/ Refermer la bucarde.
   b/ Pour obtenir la tête, coller deux patelles ouverture contre ouverture, avec un léger décalage entre elles.
2. a/ Coller le corps sur les deux autres patelles servant de pieds.
   b/ Consolider le collage des patelles de la tête en ajoutant un peu de colle là où cela semble nécessaire.
3. Coller la tête sur le corps. Le sommet d'une patelle se plaçant naturellement dans la lunule de la bucarde, elle devrait tenir toute seule et rendre un étayage superflu.
4. a/ Coller les yeux en les orientant tous les deux du même côté. L'expression peut varier très sensiblement suivant leur disposition.
   b/ Coller le cigare.
5. Attendre un jour pour vernir.

Gori, vue éclatée.

Gori.

COQUI

Composition.
Corps : une grande valve de bucarde tuberculée.
Pieds : les deux valves d'une coque (une coque à côtes sera plus jolie).
Tête : deux valves inégales de coque.
Chapeau : une valve de coque à côtes ou de bucarde plus grande que la tête mais plus petite que le corps.
Yeux : deux petits troques.

1. a/ Coller le corps sur les pieds.
   b/ Coller les deux valves inégales de coque, la plus petite en guise de mâchoire inférieure, à l'intérieur de la plus grande.
2. a/ Coller la tête dans le chapeau.
   b/ consolider le collage des pieds (conserver l'étayage).
3. Coller l'ensemble tête-chapeau sur le corps. Un étayage peut être utile si l'on veut que la tête reste dirigée dans un sens.
4. Coller les yeux.
5. Attendre un jour pour vernir.

Coqui.

Coqui, vue éclatée.

L'ÉLÉPHANT

Composition.
Corps : trois crépidules arrondies.
Pattes : vingt troques et troncatures à peu près de même taille.
Oreilles : deux crépidules aplaties plus petites que les précédentes.
Trompe : trois nasses (une grande, une moyenne, une petite).
Défenses : deux dentales égaux.
Queue : un dentale plus petit.
Yeux : deux tout petits troques.

1. a/ Coller deux des crépidules arrondies l'une dans l'autre, puis la troisième fermant le corps par derrière.
   b/ Pour obtenir le début de chacune des pattes, coller trois troncatures de troques les unes sur les autres.
2. Coller les oreilles sur le corps.
3. Coller les pattes au corps tout en les terminant avec les troncatures de troques restant. Penser à leur donner une forme vivante : allure de la marche, par exemple. Étayer si nécessaire.
4. Pour obtenir la trompe, coller l'ouverture de la plus grosse nasse sur la pointe du crépidule avant. L'apex de cette nasse, dirigé vers le bas, s'enfilera dans l'ouverture de la suivante qui s'emmanchera elle-même dans la plus petite.
5. a/ Coller les défenses de chaque côté de la trompe, les extrémités fines dirigées vers le haut.
   b/ Coller les yeux.
   c/ Coller la queue, à l'intérieur du crépidule arrière en la laissant dépasser.
6. Attendre un jour pour vernir.

L'éléphant, vue éclatée.

Dans certains exemples il faut compter étaler la fabrication sur six jours, le temps réel consacré à une figurine pouvant n'être au total que de quelques heures. On peut toujours tenter d'aller plus vite qu'indiqué. Nous avons pris de grandes marges de sécurité pour le temps de collage. A vous de juger selon la colle, votre habileté, etc.

L'éléphant.

LE HIBOU

Composition.
Corps : une bucarde tuberculée entière, une valve de bucarde tuberculée de même taille que l'entière et une valve de bucarde tuberculée plus grande.
Ailes : une bucarde tuberculée égale à la précédente.
Pattes : une bucarde tuberculée légèrement plus petite que les ailes.
Tête : une bucarde tuberculée égale au pattes, deux valves d'une coque pouvant entrer chacune dans une valve de la tête, une valve de coque à côtes de même taille que la coque précédente.
Yeux : deux troques ombiliqués.
Aigrettes : deux valves de donace (sans les aigrettes on obtient la chouette).
Bec : une nasse.

Le hibou.

1. a/ Fermer la bucarde du corps.
   b/ Coller côte à côte les deux valves de la bucarde de la tête, posées à plat sur le plateau de travail, crochet contre crochet.
2. a/ Dans deux plans perpendiculaires au plan médian de la bucarde du corps dressée crochets vers le haut, coller la grande valve devant, crochet vers le haut, et la dernière valve derrière, crochet vers le bas, descendant un peu plus bas que celle du devant.
   b/ Coller les valves de coque chacune à l'intérieur d'une valve de bucarde de la tête, le creux vers le creux.
3. a/ Coller le corps sur les pattes.
   b/ Coller les yeux sur les valves de coque, la valve de coque à côtes au-dessus de la tête et les aigrettes de chaque côté.
4. On peut, moyennant un étayage approprié, mener de front les deux opérations suivantes.
   a/ Coller les ailes, le creux vers l'avant et le crochet derrière la grande valve de bucarde située devant.
   b/ Coller la tête sur le corps.
5. Attendre un jour pour vernir.

Le hibou, vue éclatée.

Le hibou vu de dos.

LE CHAT

L'éclat des yeux est rendu par l'intérieur nacré des nucules.

Composition.
Corps : un brelin, une telline de même teinte pour boucher l'ouverture du brelin.
Queue : deux dentales.
Pattes : quatre scalaires. La longueur des pattes de devant est double de celle des pattes arrière et moitié de celle du brelin.
Tête : deux natices dont la longueur est un peu plus du tiers de celle du brelin.
Oreilles : deux petites nasses.
Yeux : deux nucules nacrées.
Prunelles : deux cérithes.
Moustaches : deux arêtes de saumon coupées en morceaux.

1. a/ Après l'avoir fermée, coller la telline sur l'ouverture du brelin pour l'obstruer. Coller les pattes sur le corps, tous les apex étant vers le bas, telline à gauche.
   b/ Pour former la tête, coller ensemble les deux natices, ouverture contre ouverture. Coller les oreilles derrière la tête.
   c/ Coller les prunelles verticalement dans les yeux, l'apex d'une cérithe contre le crochet d'une nucule. Fixer les yeux ainsi que les moustaches.
2. Coller la tête sur le corps. Ici un étayage est particulièrement nécessaire : deux boîtes d'allumettes par exemple.
3. Coller la queue, les deux dentales enfilés l'un dans l'autre, le plus gros bout de celui d'en bas contre l'apex du brelin.
4. Attendre un jour pour vernir.

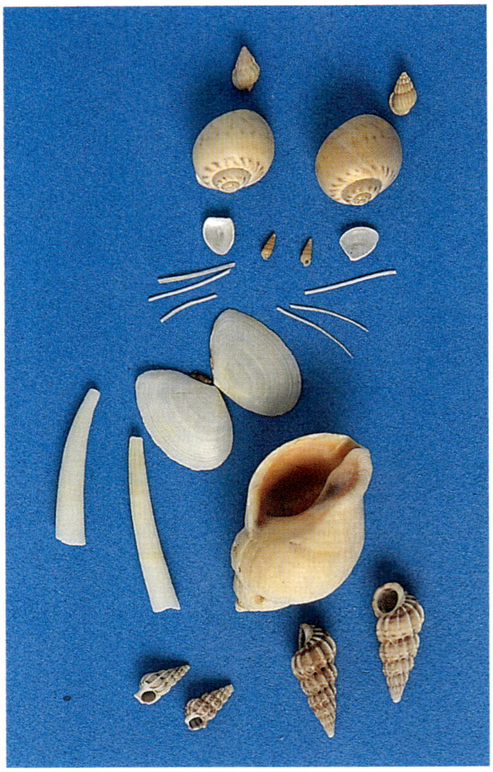

Le chat, vue éclatée.

PERSONNAGES

Tableaux de composition, non exhaustifs.
Tableau du buste (partie du personnage au-dessus de la ceinture)

THORAX	HOMME Scalaire Nasse Cône de Méditerranée Porcelaine de Méditerranée	CLOWN	DAME Cormaillot Brelin Scalaire
CHEVEUX	Cérithes		Cérithes Bigorneaux jaunes
CHAPEAU	Pétoncle + Bigorneau jaune Péristome + Natice Péristome + Dentale Helcion Nucule nacrée Patelle Fissurelle	Péristome Calliostome Pince de crabe	Péristome Troncature de troque Dentale + Donace ou Péristome Donace Balane Moule Patelle

En général la tête est une porcelaine, les bras des petites nasses, les avant-bras des cérithes ; le thorax mesure environ deux fois et demie la tête.

Tableaux du corps.

PANTALON OU TUTU	HOMME (clown exclu) Nasses Morceaux de scalaires	CLOWN Calyptrées	DANSEUSE Petites scrobiculaires blanches Anomies Donaces
JAMBES OU BOTTES	Nasses Dentales	Dentales	Dentales
PIEDS	Petites nasses Petits troques	Patelles Donaces	Scalaires

ROBES	Coquilles empilées Patelles Donaces Crépidules Bucardes	En couronne unique Moules Huîtres	En couronnes multiples Tellines Pétoncles Bucardes Amandes de mer Anomies Petites scrobiculaires blanches

POUR CONSTRUIRE UNE ROBE EN COQUILLES EMPILÉES.

1. Choisir une première coquille qui sera la base. La prendre stable, sinon coller une cale en dessous, un caillou par exemple.
2. Sans colle, poser dessus, dans le même sens, une autre coquille légèrement plus petite. S'assurer qu'elle convient en taille, en coloris, en forme et vérifier que la robe monte comme prévu. Poser ainsi une douzaine de coquilles en maintenant le tout en équilibre. Quand l'ensemble paraît convenir, reprendre le coquillage du dessus et le poser sur un plateau de travail, le suivant à côté et ainsi de suite. Reprendre la coquille de base. Poser la colle à l'intérieur de la coquille suivante. Coller sans précipitation et continuer ainsi jusqu'à la dernière en suivant les conseils de collage donnés précédemment.

POUR CONSTRUIRE UNE ROBE EN COURONNE UNIQUE.

1. Choisir quatre à huit coquillages qui composeront la couronne. Les coller par deux.
Sans attendre que les couples ainsi formés soient bien secs, après une ou deux minutes, en coller deux ensemble.
Procéder de même avec les groupes obtenus. Il faut profiter de la possibilité de modifier la couronne, de la modeler avant que la prise de la colle ne l'interdise. En fait, il s'agit de tout coller en une fois.
2. Coller, si nécessaire, d'autres coquillages en général plus petits, sur le pourtour intérieur de la robe, pour lui donner une forme moins ajourée. On peut s'aider pour cela d'une plaque de carton qui permet de vérifier, en tenant la robe à l'envers, que les coquilles reposent toutes sur le même plan.

Les coquillages les plus variés peuvent être empilés pour confectionner une robe.

LA DAME EN PATELLES

Composition.
Robe : douze patelles.
Buste : un cormaillot, une porcelaine, deux petites nasses, deux cérithes.
Chapeau : une valve de donace.
Éventail : une valve de pétoncle.

1. a/ Construire la robe avec les patelles en coquilles empilées.
   b/ Coller la tête sur le thorax.
2. Coller l'ensemble thorax-tête sur la robe.
3. Coller le chapeau, les bras, les avant-bras et l'éventail.
4. Attendre un jour pour vernir.

La dame en patelles, vue éclatée.

La dame à l'éventail.

POUR COLLER LA TETE SUR LE THORAX.

Les ouvertures des deux coquillages sont dans le plan de la surface de travail. Celle du gastéropode est dans le dos du personnage d'où le fait que ce que l'on appelle scientifiquement dos du coquillage se retrouve sur le devant du personnage. Celle de la porcelaine est derrière la tête, verticalement, le côté le moins arrondi sur l'extrémité du gastéropode.

LA DAME EN MOULES

La dame en moules.

Composition.
Robe : six grosses valves de moules, toutes d'un même côté, six valves de moules plus petites toujours du même côté.
Buste : un cormaillot, une porcelaine, une petite moule entière, une plus petite moule entière, deux petites nasses, deux cérithes.
Panier : une petite crépidule et quelque petits coquillages de formes et de coloris variés (oursin pois, phasianelle, etc.).
Anse : un péristome aussi long que le panier est large.

1. a/ Construire la robe.
   b/ Coller la tête sur le thorax.
   c/ Coller l'anse au panier.
2. Coller l'ensemble thorax-tête sur la robe. L'antérieur du cormaillot se coince en partie dans le trou en haut de la robe, ce qui rend moins indispensable un étayage.
3. a/ Coller les bras, les avant-bras et le panier en introduisant un avant-bras dans l'anse.
   b/ Après avoir séparé les valves des toutes petites moules, les coller en guise de coiffe, les plus grandes verticalement derrière la tête, la pointe débordant à peine en haut, les autres sur le haut de la tête, très légèrement en avant. Etant donné la finesse des coquillages, un minimum de colle suffit. Un étayage est inutile.
5. Remplir le panier en collant les petits coquillages divers.
6. Attendre un jour pour vernir.

La dame en moules, vue éclatée.

Pour les dames, on peut ne construire d'abord que la robe et attendre qu'elle soit achevée pour prendre des mesures et juger de la taille et de la couleur du thorax qui lui-même conditionnera la tête.

POUR CONSTRUIRE UNE ROBE EN COURONNES MULTIPLES.

1. Pour pouvoir mieux les choisir, étaler les coquillages sur un ou plusieurs plateaux de carton. En coller de cinq à dix pour former une collerette (on peut procéder comme pour une couronne unique). Repérer à l'intérieur de cette dernière le ou les coquillages sur lesquels sera fixée la prochaine coquille. Déposer un peu de colle sur les bords de ceux-ci. Coller en écartant au besoin le bas de la coquille vers l'extérieur de façon à évaser la robe. Continuer élément par élément en tournant autour de la collerette. Ne pas chercher à faire plus d'un rang.

2. Toujours en tournant autour de la collerette, monter plusieurs rangs (quatre environ). Attendre entre chaque rang que le colle ait bien pris.

MAITRISER LA POSITION NATURELLE.

Les coquillages se collent de manière naturelle dans la position qui convient à leur forme. Cette tendance peut être exploitée pour faciliter le travail. Mais dans certains cas, (dame en tellines par exemple), il faut savoir les contraindre à se placer comme on le désire. On peut encore utiliser une position obtenue involontairement, comme avec la dame au parapluie retourné, dont on a décidé que la robe était poussée par le vent.

La dame au parapluie retourné.

LA DAME EN TELLINES

Composition.
Robe : quatre ou cinq dizaines de valves de tellines papillon toute d'un même côté.
Buste : un cormaillot, une porcelaine, une valve d'anomie, un troque ombiliqué, deux petites nasses, deux cérithes.
Fleurs : sept petits coquillages de formes et de coloris variés (oursin pois, phasianelle, petits troques mages...) et autant d'arêtes de poissons (celles de saumon sont plus fines).

La dame en tellines au bouquet de fleurs.

1. a/ Construire la robe, la pointe des tellines vers le haut.
   b/ Coller la tête sur le thorax.
   c/ Coller chaque petit coquillage au bout d'une arête pour obtenir les fleurs.
   d/ Coller le troque (fleur) sur l'anomie (chapeau) en guise de décoration.
2. Coller l'ensemble thorax-tête sur la robe.

La dame en tellines, vue éclatée.

3. a/ Coller les bras, l'avant-bras soutenant les fleurs, les fleurs elles-mêmes et, pour finir, l'avant-bras posé sur le bouquet.
   b/ Coller le chapeau.
4. Attendre une journée pour couper les tiges des fleurs à la bonne longueur et vernir.

L'ÉQUILIBRE EST UN SUJET DÉLICAT.

Si l'on veut que tout tienne en place lorsqu'on enlève l'étayage, il faut rechercher le meilleur équilibre. Pour corriger une instabilité éventuelle il existe trois possibilités :
1. Coller des objets lourds dans la partie basse à des endroits où ils seront invisibles.
2. Ajouter un point d'appui supplémentaire à la statuette (une canne par exemple).
3. Munir le sujet en équilibre instable d'un socle plus large : galet, fragment d'huître poli ; la colle transformera le tout en un objet rigide.

Il suffit de coller le sujet en équilibre instable sur un socle plus large.

LE CLOWN

Composition.
Buste : un scalaire, une porcelaine, une pince de crabe, deux petites nasses, deux cérithes.
Pantalon : deux séries de trois à six calyptrées chacune.
Jambes : deux dentales.
Pieds : deux valves d'une donace.
Trompette : calyptrée, dentale.

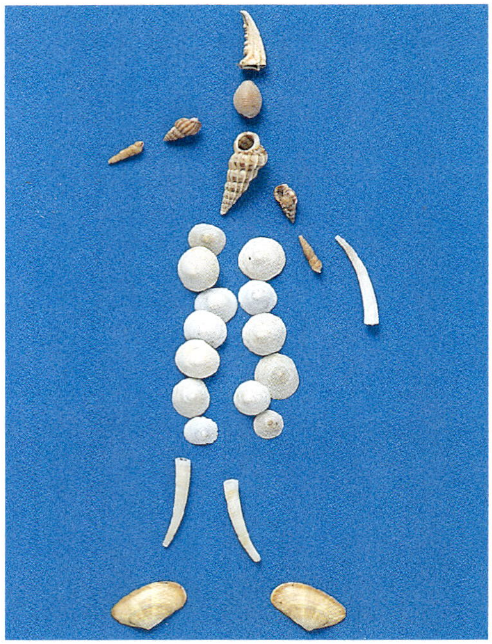

Le clown, vue éclatée.

1. a/ Avec une série de calyptrées construire une jambe de pantalon en suivant les indications données pour une robe en coquilles empilées. On peut, selon son goût, rapprocher les coquillages en écrasant la cloison intérieure des calyptrées.
   b/ Construire l'autre jambe de pantalon.
   c/ Coller la tête sur le thorax.
   d/ Coller les jambes sur les pieds, l'extrémité la plus fine du dentale contre la donace. La courbure du dentale symbolise celle du mollet.
   e/ Coller le sommet de la calyptrée au gros bout d'un dentale pour obtenir la trompette.
2. Assembler la partie thorax-tête avec les jambes de pantalon.
3. Coller le corps sur les jambes du clown.
4. a/ Coller la pince de crabe en guise de chapeau.
   b/ Coller les bras, les avant-bras et la trompette.
5. Attendre un jour pour vernir.

Le clown à la trompette.

SAVOIR INTERVENIR À TEMPS.

Les essais pour vérifier l'équilibre ou la bonne disposition doivent être faits avant que la colle ait bien pris, pour permettre un éventuel déplacement.

VARIANTES ET ACCESSOIRES.

Un accessoire bien choisi transforme la figurine. Lui ajouter un bouquet, un instrument de musique, un cabas, crée un mouvement. Le sujet n'est plus simplement une poupée avec les bras ballants mais une paysanne rapportant son panier de la foire.
On peut obtenir de nombreuses variantes en modifiant les accessoires des personnages. Bien sûr, tout ne s'accorde pas avec tout ; on verrait mal par exemple une dame en tellines roses porter un fagot de bois. Mais les associations possibles sont très nombreuses. Pour les dames nous avons utilisé un balai, un bébé, un bouquet de fleurs, un chariot de bois, un chat, un chien, un éventail, un fagot, une harpe, un landau, un manchon, une ombrelle, un panier, un parapluie, un piano, un plateau de fruits, un sac à main, ou encore pour des scènes plus élaborées, une escarpolette, un filet à papillons. Les clowns peuvent marcher en équilibre sur un ballon, maintenir un plateau de verres au bout d'une grande perche. Ils sont souvent musiciens portant un violon, un biniou, un tambour, un bandonéon, un violoncelle, une flûte, etc.
On peut encore obtenir des variantes en changeant de coquillages, en modifiant la taille des personnages ou en variant la disposition des éléments.

Le contraste du noir et du blanc sur les coquillages d'huîtres à peine usées par le flot, est d'un effet intéressant.

Le manchon dans lequel cette dame protège ses mains du froid, est un morceau de corail fossilisé.

Les tellines composant la robe de cette figurine sont exceptionnellement disposées à l'horizontale.

Pour obtenir des personnages différents on peut modifier les costumes, mais surtout varier les accessoires.

LE PÊCHEUR

Le pêcheur.

Composition.
Barque : une valve plate d'huître, une valve de moule, un petit morceau de couteau (exceptionnellement il nous arrive de tailler des couteaux avec une pince à épiler – résultat non garanti !).
HOMME.
Corps : une nasse.
Cuisses : deux nasses égales nettement plus petites que le corps.
Jambes : deux nasses égales un peu plus petites que les cuisses.
Pieds : deux petits troques.
Bras : deux nasses égales légèrement plus petites que les jambes.
Avant-bras : deux cérithes.
Tête : une porcelaine.
Chapeau : une fissurelle.

Canne à pêche : arête de daurade.
Fil à pêche : arête de saumon.
Poisson : une cérithe.

1. a/ Coller la barque sur l'huître qui figure l'eau.
   b/ Coller le morceau de couteau en guise de banc dans la barque.
   c/ Coller la tête sur le thorax.
2. Coller le corps avec sa tête au centre du banc, légèrement incliné vers l'arrière.
3. a/ Coller les cuisses, ouvertures vers le corps.
   b/ Coller les apex des jambes dans les ouvertures des pieds.
   c/ Coller les jambes aux cuisses, en enfilant les apex dans les ouvertures.
   d/ Coller le chapeau, les bras, les avant-bras, la canne. Cette dernière passe entre les jambes et peut reposer sur le banc.
   e/ Coller le fil et le poisson.
4. Attendre un jour pour vernir.

Le pêcheur, vue éclatée.

LE DANSEUR RUSSE

Composition.
Socle : un galet.
Homme : voir pêcheur.
Toque : une troncature de troque.

1. a/ Coller la tête sur le thorax.
   b/ Coller ensemble les trois parties de la jambe droite tendue.
   c/ Coller ensemble les trois parties de la jambe gauche pliée suivant un angle le plus aigu possible.
2. Coller les jambes au corps. On peut poser le corps à plat, la jambe droite dans le plan de travail, l'autre jambe avec son pied reposant sur le même plan.
3. Coller le corps et les jambes sur le socle.
4. a/ Coller la toque sur la tête.
   b/ Coller les bras et les avant-bras horizontaux.
5. Attendre un jour pour vernir.

Le danseur russe, vue éclatée.

Le danseur russe.

DEUX AMIS SUR UN BANC

Composition.
Banc : deux valves d'un couteau gaine, deux troques épais.
Hommes : voir composition et du pêcheur, en double.
Chapeaux : une patelle, une coque.
Palmier : trois turritelles, six valves de donace égales et de même sens, une coque.

1. a/ Coller ensemble les deux valves du couteau le long du côté charnière, l'une perpendiculaire à l'autre. Coller ce banc sur ses pieds (troques).
   b/ Pour obtenir le tronc du palmier, coller bout à bout les turritelles, apex vers le bas.
   c/ Pour obtenir les branches du palmier, coller les valves de do-

Deux amis sur un banc.

Deux amis sur un banc, vue éclatée.

Deux amis sur un banc, premier jour : banc, rosace du palmier, tronc du palmier, corps-tête.

nace en rosace, les pointes vers le centre, le creux vers le bas. Vérifier que le tout ne colle pas sur le plateau de travail. Quand l'ensemble a suffisamment pris, après quelques minutes, coller la coque au centre.

d/ Coller les têtes sur les thorax.

2. a/ Coller les thorax avec les têtes sur le banc en leur donnant la position que l'on désire. Il y a deux points de contact pour chaque personnage : l'apex sur le siège, le haut du thorax contre le dossier. Cela rend un étayage moins nécessaire et plus facile.

   b/ Coller le tronc du palmier contre l'arrière du banc.

3. a/Comme pour le pêcheur, coller les cuisses, les jambes, les pieds, en une seule étape, de façon à donner au personnage le geste désiré. De même pour les bras, les avant-bras, les chapeaux. Il peut être utile d'étayer si l'on cherche à obtenir une position particulièrement étudiée.

   b/ Coller la rosace sur le tronc du palmier, la turritelle s'enfonce dans le creux de la coque. Etayer si besoin.

   c/ On peut fournir une pipe à l'un des personnages : comme tuyau une petite cérithe, l'apex collé à la porcelaine, et en guise de fourneau un minuscule gastéropode.

4. Attendre un jour pour vernir.

Ici le tronc du palmier est fait avec des troncatures de troques.

LA PLANCHE À VOILE

La planche à voile.

Composition.
Socle : une coquille d'huître.
Planche : une coquille d'huître plate et longue (cinq fois le thorax).
Mât : un peu plus grand que la planche, cinq dentales.
Voile : six pétoncles dont la taille est à tester avec le mât et le wishbone.
Wishbone : arêtes de daurade.
Homme : quatre dentales pour les cuisses et les jambes, deux cérithes pour les pieds, un scalaire en guise de thorax et une porcelaine pour la tête.

La planche à voile, vue éclatée.

1. a/ Coller la planche sur le socle, côté nacré sur le dessus.
   b/ Enfiler les dentales les uns dans les autres en alternant les courbures pour donner l'impression d'un mât rectiligne.
   c/ Pour le wishbone, coller les arêtes, les deux grosses extrémités ensemble et les deux petites également, dans un même plan.
   d/ Coller la tête sur le thorax.
2. Le mât étant posé à plat sur le plan de travail, coller la voile. Les pétoncles sont à gauche du mât, l'intérieur contre la table, leurs crochets contre le mât, sauf pour le dernier que l'on placera plus ou moins en retrait suivant la longueur du wishbone. On peut également incliner le plan de ce dernier pétoncle par rapport à celui de la voile pour donner à celle-ci une allure plus gonflée.
3. a/ Coller le wishbone perpendiculaire au mât un peu au-dessus du tiers inférieur de ce dernier.
   b/ Coller le mât et la voile sur la planche, pas tout à fait au centre un peu vers l'avant de telle sorte que la voile ne déborde pas.
4. Le planchiste doit être collé en une seule opération, bras tendus, jambes légèrement pliées, corps rejeté en arrière. Les creux des pétoncles sont du côté du planchiste.
5. Attendre un jour pour vernir.

La planche à voile, deuxième jour : mat, voile.

LA DANSEUSE ÉTOILE

Composition.
Tutu : quatre valves plates d'anomie, celles qui sont trouées et, si possible, translucides.
Buste : un scalaire (longueur égale au rayon du tutu terminé), une porcelaine, quatre dentales (les plus gros et plus courts pour les bras, les plus fins pour les avant-bras), deux petites cérithes pour les mains.
Chevelure : une douzaine de toutes petites cérithes pour les cheveux, un petit troque pour le chignon.
Jambes : quatre dentales plus grands que les bras.
Chaussons : deux petits scalaires blancs.
Socle : une amande de mer.

1. a/ Coller la tête sur le thorax.
   b/ Coller les anomies, à plat, en faisant coïncider leurs trous.
   c/ Coller les chaussons. L'extrémité fine du dentale est seulement posée sur l'ouverture du scalaire et non enfilée dedans.

La danseuse étoile, vue éclatée.

La danseuse étoile.

La légère courbure du dentale doit figurer le mollet, et le dos du scalaire, le plat du chausson.

2. Coller le buste sur le tutu, l'apex du scalaire trouvant une place dans le creux des anomies.
3. Mesurer la hauteur à laquelle se trouvera le tutu en empilant sans coller, le socle, les jambes, le corps. Préparez un étai adéquat sur lequel, les jambes une fois collées au tutu et au socle, la danseuse reposera, le socle touchant le sol. Vérifier de temps en temps pendant le séchage.
4. a/ Coller les cheveux et le chignon.
   b/ Coller les bras, les avant-bras, les mains. Etayer.
5. Attendre une journée avant de vernir.

La danseuse étoile, troisième jour : sur étai.

Une danseuse inspirée de Degas.

LE JARDINIER ET SA BROUETTE

Le jardinier à la brouette.

Composition.
Socle : une coquille d'huître plate.
Homme : voir le pêcheur sauf les jambes composées chacune d'un dentale plutôt cylindrique et d'une petite nasse.
Chapeau : un pétoncle, un bigorneau jaune.
Brouette : sept dentales : quatre grands pour les brancards (un brancard mesure trois fois le thorax), deux moyens pour les pieds (un peu plus grands que le thorax), un petit pour l'axe de la roue, quatre morceaux de couteau, une rondelle de patelle pour la roue et six petites cérithes pour les rayons.

1. a/ Coller le corps sur la tête.
   b/ Coller les quatre dentales deux par deux, bout à bout, grande ouverture contre grande ouverture, en alternant les courbures, pour obtenir les brancards.
   c/ Poser la rondelle de patelle sur un morceau de carton, la plus grande ouverture vers le haut. Enfoncer le moyeu de la roue verticalement dans le morceau de carton, au centre de la rondelle. Placer le tout sur un support adéquat. Choisir les rayons de la bonne taille et les coller, l'apex vers la périphérie de la roue.
   d/ Coller le bigorneau sur le pétoncle.
2. a/ Coller la roue aux brancards.
   b/ Coller le corps, les bras, les jambes et les brancards en une seule opération.
3. Coller l'ensemble sur le socle.
4. Coller le chapeau sur la tête et terminer la brouette.
5. Attendre un jour pour vernir.

Le jardinier, vue éclatée.

Le jardinier à la brouette, premier jour : corps-tête, brancards, roue sur support, chapeau.

NOURRIR SON IMAGINATION.

Une scène à la campagne.

Le Point-d'Interrogation de Costes et Bellonte (Biplan).
Le Spirit of Saint Louis de Lindbergh (Monoplan).

Voitures.

*L'église et son curé.
Dans le clocher,
la cloche est
un calliostome.
Les vitraux sont faits
de coquillages aux
couleurs naturelles.*

Le moulin. La poignée de la porte est un oursin pois.

Bal du second empire. On a cherché à donner à la robe rose un mouvement tournant en plaçant les tellines d'autant plus horizontalement qu'elles sont plus basses.

Un cow-boy tout droit sorti des plaines du far-west.

Un rocking-chair composé de dentales.

Le train. La réserve de bois dans le tender est composée de morceaux de tige de fenouil séché. Les voyageurs sont réellement représentés.

La richesse vestimentaire des personnages de la cour contraste avec la simplicité des autres modèles de robes.

Quelle faux plus réaliste qu'une arête de daurade ? La mort se drape dans deux phollades. Ses orbites sont deux péristomes de cormaillot.

Le dragon a nécessité des coquillages anguleux, pieds de pélicans pour le corps, pinces de crabes pour les dents, les griffes et les crochets des ailes. Ces dernières sont constituées d'anomies sur une armature de dentales. Le corps est composé de buccins. Le thorax des archers et le casque du prince sont des coquillages exotiques.

Le magicien face au château gardé par le monstre à trois têtes. Son lourd bâton est bienvenu pour faciliter l'équilibre de la statuette. Les gueules des monstres sont faites de petites coquilles d'huîtres. L'accès au château est aussi défendu par une grille composée de cérithes.

Sur la tombe. Tout le portrait d'une fée : une arête de thon bien rectiligne pour baguette magique, et comme cape de soie, une coquille plate d'anomie. Sa coiffure est composée de trois morceaux de dentale, d'une turritelle et de deux valves plates de pandore.

Cendrillon, sa marraine la fée et la citrouille. Ce sont des coquilles d'huîtres usées par la mer qui composent les haillons de Cendrillon.

Page précédente : Les vautours.

Les chevaux du carrosse de Cendrillon. Le fouet est composé de trois arêtes. Le buste du cocher est un coquillage exotique, ses cuisses des actéons.

Le carrosse de Cendrillon.

GLOSSAIRE

Antérieur
Extrémité opposée à l'apex.

Apex
Sommet. Pointe principale par où a commencé la fabrication de la coquille. Se trouve à l'arrière dans le sens de déplacement de l'animal.

Brachiopode
Bivalve très répandu aux ères primaire et secondaire et qu'on ne rencontre plus guère que sous forme de fossile.

Columelle
Axe du gastéropode autour duquel s'enroule la coquille.
Ce qui reste de cette coquille après usure par la mer et disparition du contour extérieur.

Conchyliologie
Étude scientifique des coquilles et des coquillages.

Conchyophile
Collectionneur de coquillages.

Crochet
Pointe d'une valve de bivalve entre le ligament et la charnière.

Dos
Côté d'un gastéropode opposé à l'ouverture.

Gastéropode ou gastropode
Classe des mollusques dont la coquille s'enroule en escargot.

Lunule
Creux d'un bivalve entier situé de l'autre côté du ligament par rapport aux crochets.

Malacologie
Étude des mollusques.

Péristome
Bord de l'ouverture d'un gastéropode.